Explora Mercurio

Liz Milroy

ediciones Lerner • Mineápolis

PAGE PLUS

¡Escanea el código QR en la página 21 para ver Mercurio en 3D!

Título original: *Explore Mercury*

La traducción al español fue realizada por Zab Translation.

ediciones Lerner
Una división de Lerner Publishing Group, Inc.
241 First Avenue North
Mineápolis, MN 55401, EE. UU.

Si desea averiguar acerca de niveles de lectura y para obtener más información, favor consultar este título en www.lernerbooks.com.

Fuente del texto del cuerpo principal: Billy Infant regular.
Fuente proporcionada por SparkType.

Library of Congress Cataloging-in-Publication Data

The Cataloging-in-Publication Data for *Explora Mercurio* is on file at the Library of Congress.
ISBN 979-8-7656-0818-0 (lib. bdg.)
ISBN 979-8-7656-2323-7 (pbk.)
ISBN 979-8-7656-1229-3 (epub)

Fabricado en los Estados Unidos de América
1-1009450-51457-4/26/2023

Contenido

Todo sobre Mercurio

El Sol se vería mucho más grande que lo que nunca lo has visto si estuvieras en Mercurio. Mercurio es el planeta más pequeño de nuestro sistema solar.

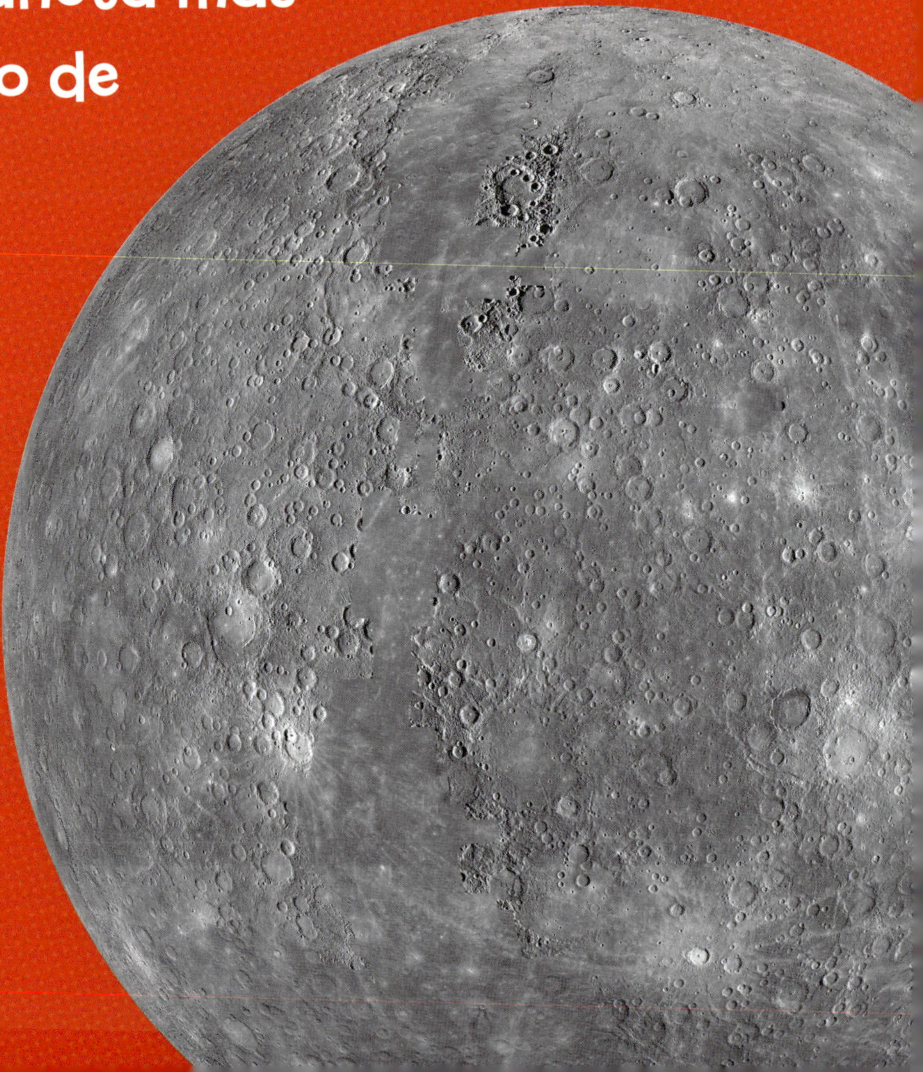

Este diagrama muestra el orden de los planetas en el sistema solar.

Mercurio es el planeta más cercano al Sol: está a unos 36 millones de millas (58 millones de km) del Sol.

Como la Tierra, Venus y Marte, Mercurio se considera un planeta rocoso. Los planetas rocosos son más pequeños que otros tipos de planetas y son mayormente sólidos.

De izquierda a derecha: La Tierra, Marte, Venus y Mercurio son los planetas rocosos de nuestro sistema solar.

Esta imagen muestra el tamaño de Mercurio en comparación con la Tierra.

Mercurio tiene un diámetro de 3030 millas (4878 km).

Entraría un poco más de dieciocho veces dentro de la Tierra.

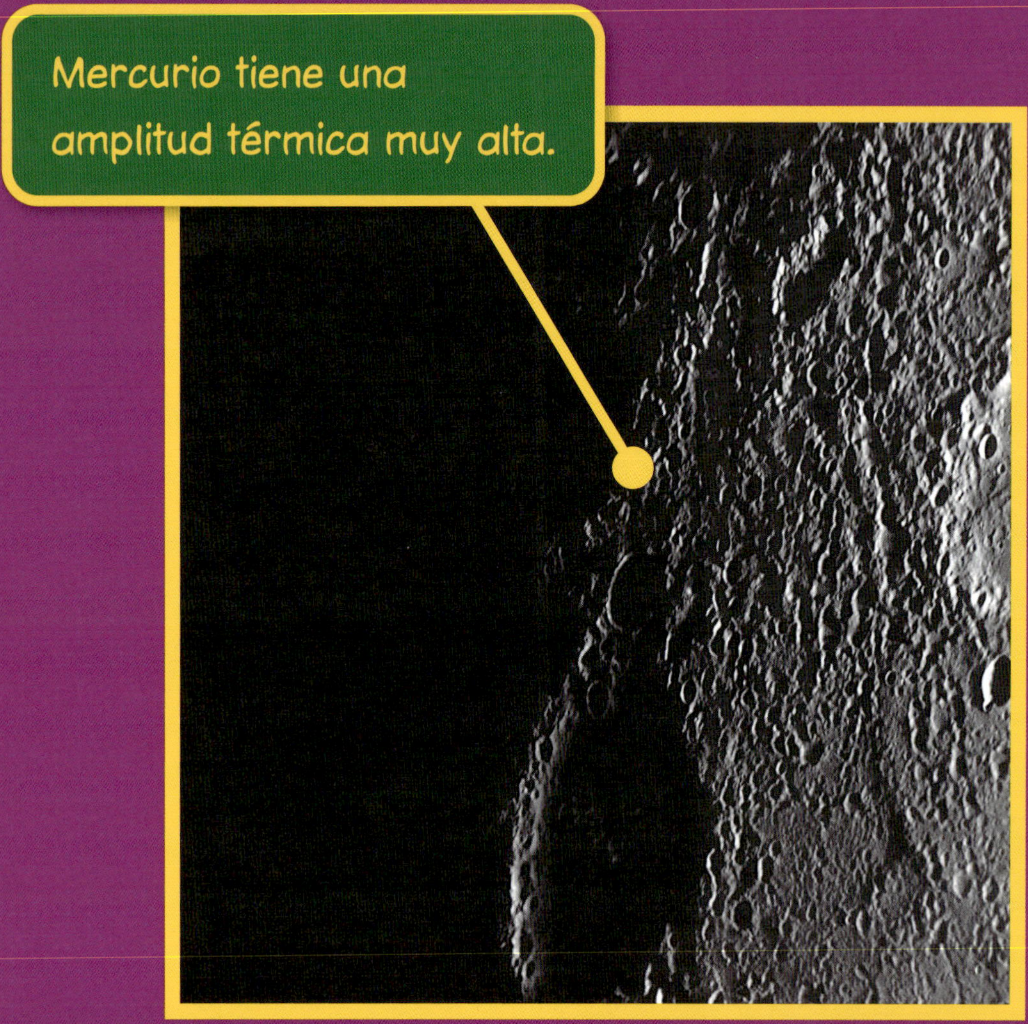

Durante el día, el calor es extremo en Mercurio, pero de noche puede hacer mucho frío. Las temperaturas pueden alcanzar los 800 °F (425 °C) y caer hasta los -290 °F (-180 °C).

Mercurio puede ser el planeta más cercano al Sol, pero no es el planeta más caliente de nuestro sistema solar. Venus tiene una atmósfera densa que atrapa el calor, por eso sus temperaturas son más altas que las de sus vecinos.

El vecino de Mercurio, Venus, es el planeta más cálido del sistema solar.

La importancia del nombre

Las personas de la antigüedad notaron que Mercurio se movía

con mayor rapidez que otros planetas por el cielo. Le dieron su nombre por el dios romano Mercurio. Era el mensajero veloz de los dioses.

Mercurio es también el nombre de una sustancia química. En el pasado, los termómetros, baterías y otros elementos se hacían con mercurio.

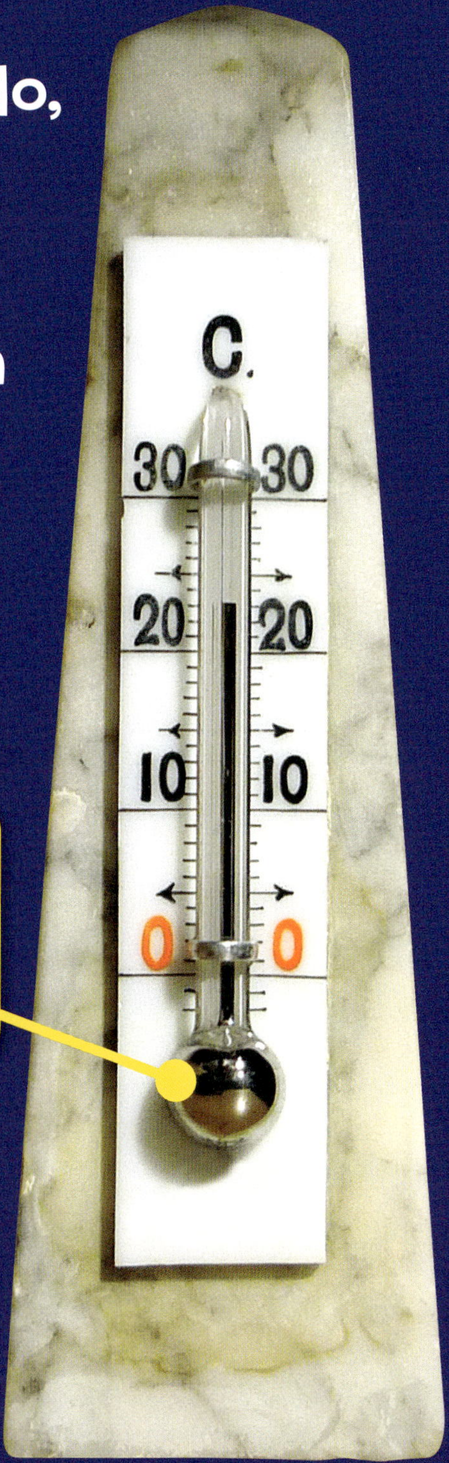

La sustancia química mercurio solía usarse para hacer termómetros.

La vida en Mercurio

En Mercurio, los días son largos, pero los años son cortos. Un día dura casi lo mismo que cincuenta y nueve días de la Tierra. Un año tiene solo ochenta y ocho días de la Tierra.

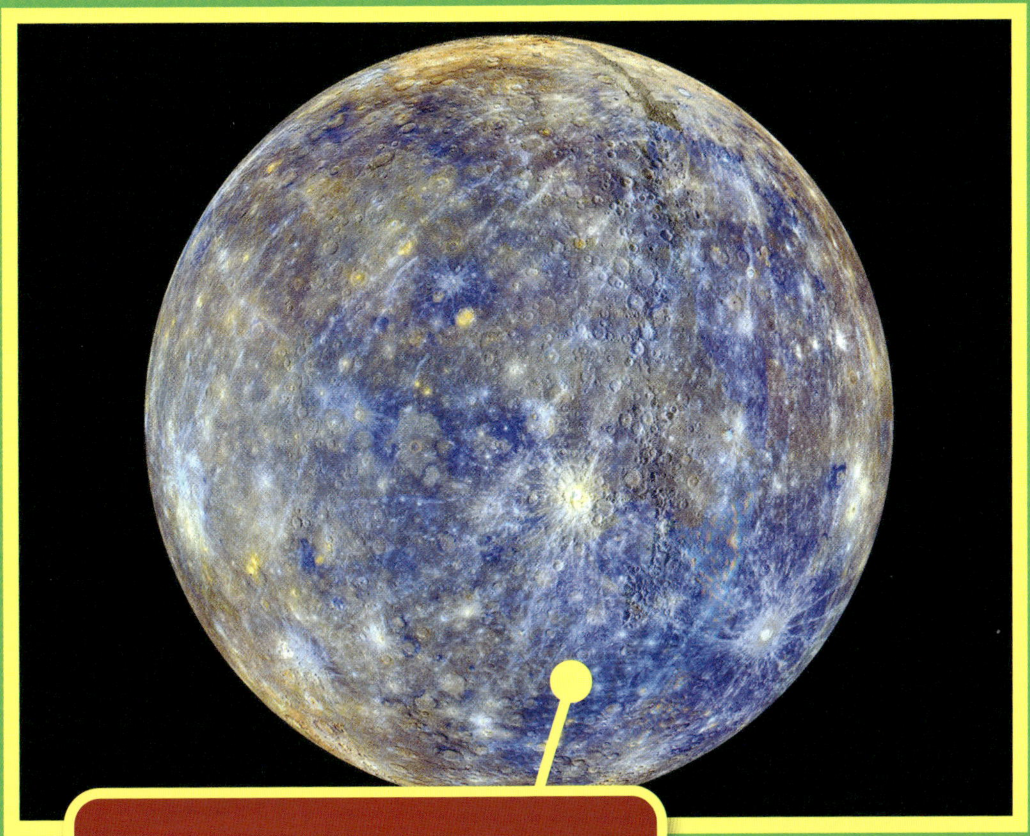

La atmósfera de Mercurio es muy delgada.

No hay mucho aire en Mercurio, porque tiene una atmósfera realmente delgada. Si las personas se apoyaran en su superficie, no podrían respirar.

Mercurio no tiene estaciones.

La Tierra sí las tiene porque está inclinada en su eje, pero Mercurio está apenas inclinado.

Aquí se ve la inclinación de Mercurio en comparación con la de otros planetas.

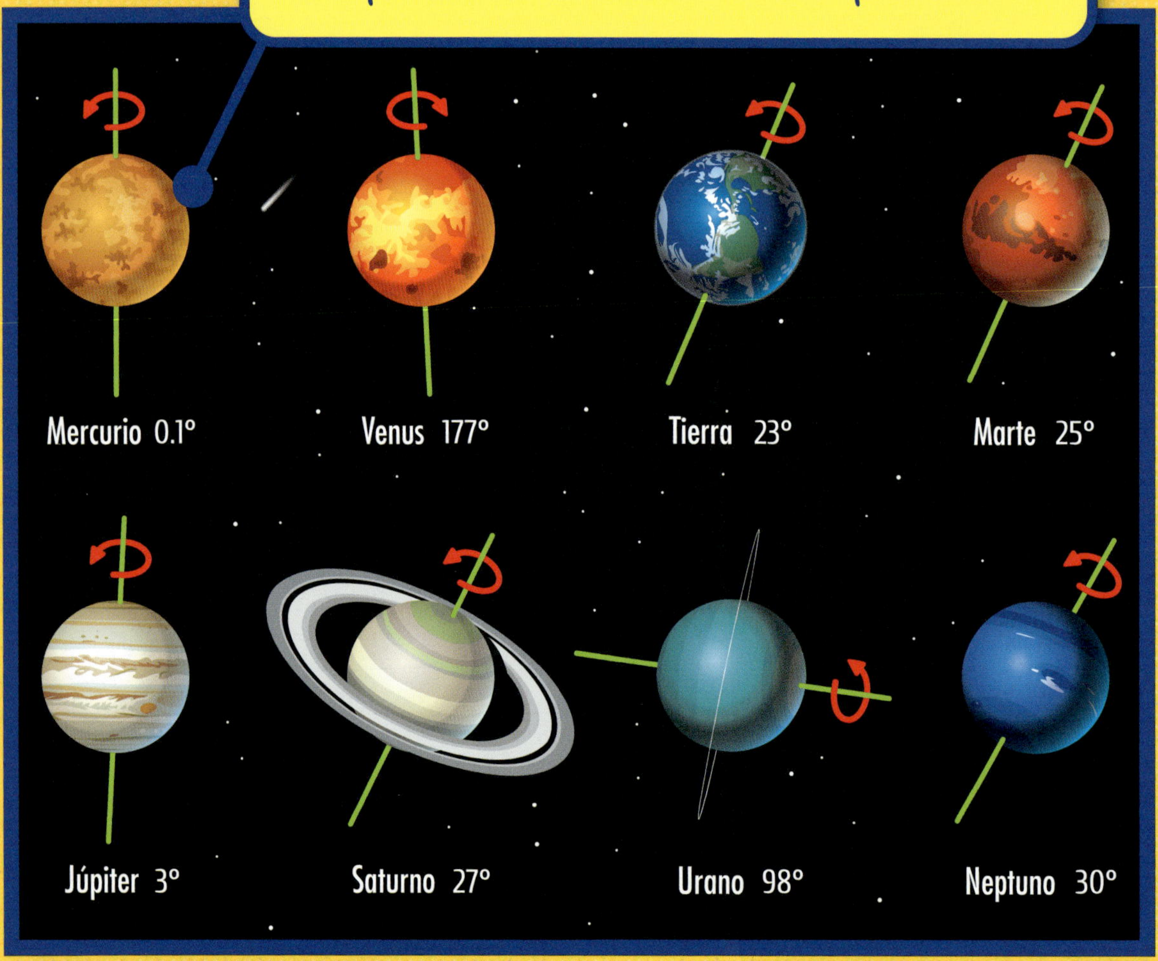

Desde Mercurio, el Sol parece muy grande y se mueve de manera extraña. Algunas veces, incluso se mueve hacia atrás. Si las personas pudieran vivir en Mercurio, verían el Sol elevarse y ponerse solo tres veces en seis años.

Estudiar Mercurio

Los astrónomos enviaron naves espaciales a visitar Mercurio dos veces. La primera que exploró Mercurio fue Mariner 10 en 1974. Voló cerca de Mercurio tres veces.

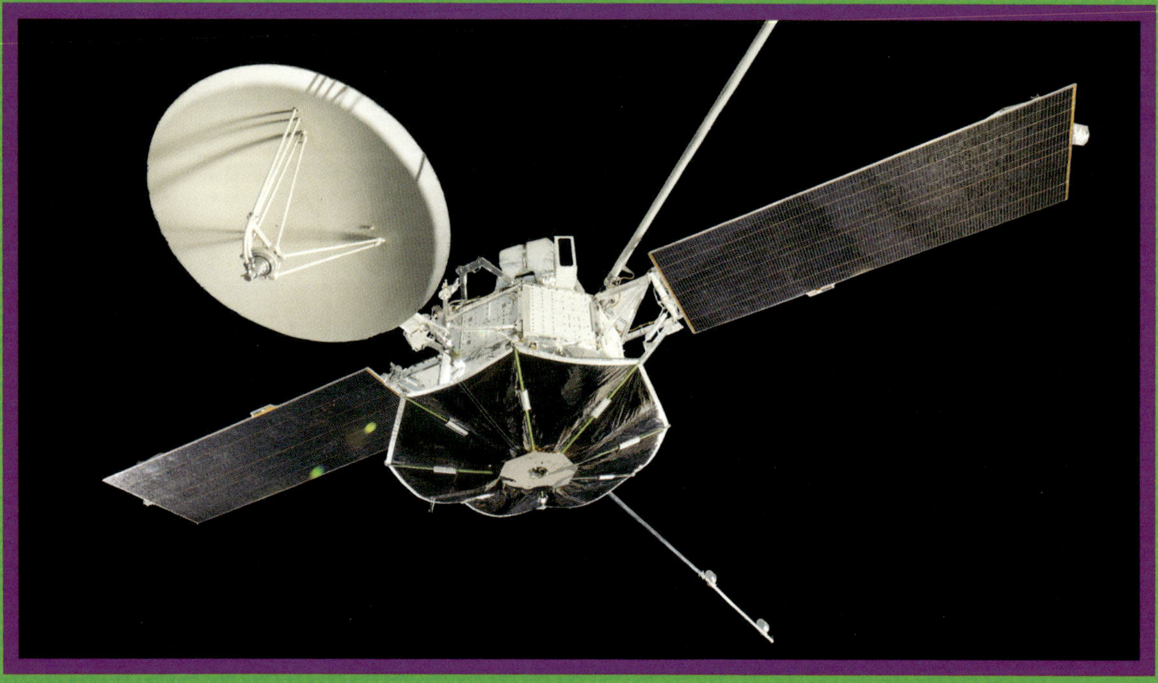

Esta es una fotografía de Mercurio tomada por la nave Mariner 10.

Mariner 10 también exploró Venus. Fue la primera nave espacial que exploró dos planetas en una misión.

La segunda nave espacial, MESSENGER, fue la primera que orbitó Mercurio. Lo hizo desde 2011 hasta 2015.

MESSENGER cerca de la superficie de Mercurio

En 2018, dos naves espaciales de la misión BepiColombo dejaron la Tierra para ir a Mercurio. Estudiarán la superficie y el interior de Mercurio, y entrarán en su órbita en 2025. Mantente atento a las noticias sobre nuestro pequeño vecino.

Datos sobre los planetas

- Mercurio está tan cerca del Sol que solo puede verse desde la Tierra justo antes del amanecer y después de la puesta del sol. Algunos pueblos de la antigüedad pensaban que eran dos planetas diferentes.
- La superficie de Mercurio se parece mucho a nuestra luna porque ambos tienen muchos cráteres. Los cráteres de Mercurio llevan los nombres de artistas, músicos y autores famosos, como Dr. Seuss.
- La luna más grande de nuestro sistema solar, Ganímedes, es más grande que Mercurio. Ganímedes orbita Júpiter.

Historia espacial

Las personas solían creer que un lado de Mercurio siempre miraba el Sol. No podían ver si Mercurio giraba. En 1965, los científicos hicieron rebotar en él una señal de radio. Vieron que Mercurio sí gira. Pero gira con mucha lentitud. Mercurio recorre casi 150 millones de millas (241 millones de km) en el tiempo que le lleva girar una vez.

¡Escanea el código QR a la derecha para ver a Mercurio en 3D!

Glosario

año: la cantidad de tiempo que le lleva a un planeta orbitar su sol una vez

astrónomo: un científico que observa las estrellas, los planetas y otras cosas del espacio exterior

atmósfera: una capa de gas que rodea un planeta

eje: una línea invisible sobre la que gira Mercurio

nave espacial: una nave hecha por las personas para desplazarse por el espacio

órbita: el recorrido de un cuerpo alrededor de otro cuerpo

planeta rocoso: también llamado un planeta terrestre, un planeta rocoso está compuesto mayormente de rocas o metales. Mercurio, Venus, la Tierra y Marte son todos planetas rocosos.

sistema solar: nuestro Sol y todo lo que orbita a su alrededor

Más información

Beth, Georgia. *Discover Mercury*. Mineápolis: Lerner Publications, 2019.

Milroy, Liz. *Explora Júpiter*. Mineápolis: ediciones Lerner, 2024.

NASA for Students
https://www.nasa.gov/stem/forstudents/k-4/index.html

NASA Space Place—All about Mercury
https://spaceplace.nasa.gov/all-about-mercury/en/

Nichols, Michelle. *Astronomy Lab for Kids: 52 Family-Friendly Activities*. Beverly, MA: Quarry, 2016.

Ready, Jet, Go! Planets in Our Solar System
https://pbskids.org/learn/readyjetgo/

Índice

Créditos por las fotografías

Créditos de las imágenes: NASA/JHUAPL, p. 4; WP/Wikimedia Commons (CC BY-SA 3.0), p. 5; Lsmpascal/Wikimedia Commons (CC BY-SA 3.0), p. 6; NASA/APL (desde MESSENGER), p. 7; NASA/Universidad Johns Hopkins, Laboratorio de Física Aplicada/Carnegie Institution of Washington, pp. 8, 12, 13, 18; NASA/Centro de Vuelo Espacial Goddard, Laboratorio de Imagen Conceptual, p. 9; Legado de Phyllis Massar, 2011/Museo Metropolitano de Arte (CC0 1.0), p. 10; Anonimski/Wikimedia Commons (CC BY-SA 3.0), p. 11; Vera Serg/Shutterstock.com, p. 14; NASA/SDO/AIA/Centro de Vuelo Espacial Goddard, p. 15; Eric Long/Museo Nacional Smithsoniano del Aire y el Espacio (NASM2019-01580) (CC0 1.0), p. 16; NASA/JPL, pp. 17, 19.

Portada: NASA/equipo del Messenger, Jason Harwell.